LES VOYAGES

D'un Lillois en Picardie

(1692-1697)

EXTRAITS SUIVIS DE NOTES SUR QUELQUES VOYAGES DANS CETTE
PROVINCE AU XVIIe SIÈCLE

J'ai rencontré dernièrement, dans la Bibliothèque
de la ville de Lille, un manuscrit écrit par un
habitant de cette ville et contenant le récit de
plusieurs voyages en France et dans les Pays-Bas,
accomplis par lui de 1690 à 1697.

L'auteur ne fait pas connaître son nom, mais
on peut voir, aux détails qu'il donne, qu'il occupait
une certaine situation et jouissait d'une fortune
assez considérable, car il faisait une partie de ses
trajets dans son carrosse et avec ses chevaux.

Notre Lillois ne voyage ordinairement pas seul,
il est accompagné d'un ami qui, dit-il, l'a toujours
suivi « en fidèle compagnon ». Bien que quelquefois il ait eu pour but d'aller visiter des parents, le
plus souvent c'est pour son agrément qu'il parcourt
la France, et, à partir de 1695, c'est pour se con-
soler de la mort de sa femme.

Les impressions de voyage recueillies par notre

anonyme offrent quelque intérêt surtout au point de vue de la description du pays qu'il parcourt et dont il s'efforce de retracer l'aspect, et parfois d'esquisser les mœurs, bien que ses récits soient loin d'approcher sous ce dernier rapport de ceux du rémois Jean Maillefer (1), dont nous avons eu à parler dernièrement, de ceux de Balthazar de Monconys (2) et surtout de ceux d'un voyageur peu connu, Jouvin, de Rochefort, dont je dirai quelques mots en terminant.

Les passages des voyages de l'anonyme Lillois concernant la Picardie ne seront pas lus, croyons-nous, sans quelque intérêt. Ils se rapportent aux années 1692, 1695 et 1697. J'ai supprimé seulement certaines indications qui m'ont paru inutiles parce qu'elles sont empruntées aux *États de la France*, ou à quelques uns des manuels de voyage que l'on commençait à publier tels que le *Fidèle conducteur pour le voyage en France*, de Louis Coulon (1654), le *Voyage de France pour l'ins-*

---

(1) Les *Mémoires de Jean Maillefer* ont été publiés en 1890 par M. Henry Jodart, dans les Travaux de l'Académie de Reims.

(2) Les Voyages de Monconys sont des plus curieux, malheureusement les détails les plus intéressants sont noyés dans un fatras de recettes et d'observations scientifiques le plus souvent sans importance. J'en ai extrait et publié dans le *Bulletin de la Société des Beaux Arts de Caen* (1880) tout ce qui offre un intérêt pour les beaux arts et l'archéologie. M. Ch. Henry a fait en 1887 la contre-partie de ce travail en résumant les observations véritablement scientifiques du voyageur lyonnais (Paris, Hermann, in-4).

truction des Français, de Duvivier (1657 et 1687), les *Voyages de Payen* (1), la *Guide Universelle* du P. Boussingault, et peu d'années après, en 1699, le *Voyage en France*, du P. Olivier de Varenne, souvent réimprimé (2), ainsi que les manuels géographiques, tels que la *Description de la France et de ses Provinces*, du P. Duval, d'Abbeville (1658), la *Description géographique de toute l'Europe et des curiosités qui se trouvent en chaque province*, en français et en latin, par le père J. B. jésuite (Lyon, 1882) (3) ou même des ouvrages plus généraux tels que le *Cabinet* ou la

(1) *Les Voyages de Monsieur Payen dédiez à Monseigneur de Lionne* (Paris, Loyson, 1667, in-12) ont servi de guide à de nombreux voyageurs et notamment au poète Regnard qui en a même copié des passages dans le récit de son voyage en Suède (voir notre édition du Voyage de Regnard, Paris, Lemerre, 1874, in-8). Payen ne donne pour la France que des itinéraires et n'a pas traversé la Picardie, s'étant rendu en Angleterre, en passant par Dieppe.

Regnard, au début de son voyage, à la fin d'avril 1681, traverse Senlis, Gournay et Péronne pour se rendre à Cambrai et gagner la Flandre. Il ne parle guère que de Péronne dont il signale les excellentes carpes, et « les canards en quantité, dont les pâtez ne sont pas moins estimez ».

(2) V. les études sur les anciens voyageurs de M. Alfred Rabeau et les curieuses notes placées par notre ami M. le Baron X. de Bonnault d'Houët dans son *Pélérinage d'un paysan picard à Saint-Jacques de Compostelle*, Montdidier, 1890, in-8.

(3) L'auteur ne trouve à citer en Picardie qu'une merveille et elle est assez singulièrement choisie. « Il y a près d'Amiens une Abbaye nommée du Paraclet, dont les prairies ont la propriété de faire taire les grenouilles, et mesme si d'ailleurs ou les apporte là, d'abord elles deviennent muettes. » !!

Bibliothèque des Grands, de Gédéon Pontier (1) dans laquelle nous lisons « qu'Abbeville paroist l'une des plus grandes villes du Royaume, par ses grands marais et grands jardinages qu'elle a dans son enceinte. »

Le manuscrit qui nous a fourni les extraits qui suivent, est d'une bonne écriture, et forme deux volumes petit in-quarto, terminés par une table alphabétique des villes parcourues. Quelquefois, des gravures, des placards sont joints au récit. C'est ainsi qu'on y trouve trois vues de la cathédrale de Strasbourg, une description imprimée de l'horloge de la primatiale de Lyon, quelques gravures représentant des antiquités d'Arles, etc.

M. Le Glay, dans son *Catalogue des Manuscrits de la Bibliothèque de Lille* en a donné la description et quelques extraits (N° 182 ; D. I. 1.).

I

1692, 6 Septembre (2).

« Nous primes la poste à *Arras* pour *Amiens*, faute d'autres voitures. Nous passames par *Dourlens*, qui est la première ville de Picardie, à 8 grosses lieues d'*Arras*.

« *Dourlens* est une petite ville de Picardie, située sur la rivière d'*Authie*, au pied de deux

(1) Paris, Audinet, 1681, 2 vol.
(2) T. 1er page 167 et suiv.

collines, sur l'une desquelles est batie la citadelle composée de quatre gros bastions royaux revêtus et très bien entretenus. La rivière d'*Authie* sépare la ville de la citadelle. Nous mangeâmes un morceau à l'*Écu de France*, où l'on est très bien.

« Nous reprimes la poste, nous changeames de chevaux à *Talma* (3 lieues) et lors vous arrivez à *Amiens* (4 lieues). Tout le pays que nous passâmes est tout rempli de montées et de descentes ; la terre fort pierreuse et blanchâtre ; néanmoins, ce pays est assez fertile en bled et l'on voit même du lin en assez grande quantité. Il est découvert sans aucun arbre.

Amiens . . . .(1)

« Le Roi y entretient toujours une garnison qui est très faible. Les fortifications de la ville ne consistent qu'en une simple muraille avec des fossés secs d'une profondeur extraordinaire. Cette ville est assez grande, de forme ronde, les rues assez bien percées, mais remplies de fort vilaines maisons, toutes baties de bois, néanmoins bien peuplées.

« Nous commençames à voir la ville par l'église cathédrale de Notre-Dame. Elle est d'une beauté achevée et ne doit céder à aucune église du royaume. La façade est de même architecture et

(I) Je supprime les renseignements sur l'état civil, la liste des juridictions, et la courte notice sur l'histoire de la ville, qui précèdent chaque description.

de même dessin que celle de Notre-Dame à Paris, ornée de grosses tours sans flèches ou pyramides. Le dedans de l'église est orné de plusieurs épitaphes et tombeaux de marbre. Les plus curieux sont ceux du Cardinal Aymar du Puy, de M. Faure, dernier évêque d'Amiens et de M. Christophe de Lannoy de la Boissière. Il semble que l'on a ramassé tous les plus vieux tableaux de la ville pour en orner les piliers de cette église et que l'on préfère les vieux tableaux aux modernes (1).

« L'on voit dans cette église, dans une chapelle à gauche où il faut monter vingt à trente marches, une très belle relique qui est la tête de Saint Jean-Baptiste.

. . . .

« L'église des Ursulines est un petit bijou. Les murailles sont garnies de plusieurs pièces de tapisserie qu'elles ont travaillées elles-mêmes, ainsi que le tableau du grand-autel, qui est une Assomption de la Vierge. Le tabernacle est d'une beauté qui charme. Il ne manque à cette église qu'un pavé de marbre pour la rendre parfaite.

« L'église des Cordeliers, où nous avons entendu la messe, n'a rien de considérable que le tombeau de Mre Nicolas de Lannoy d'Améraucourt, connestable héréditaire du Boulonnais ; c'est assurément l'un des plus somptueux monuments que

(1) Sont-ce les tableaux de la Confrérie de Notre-Dame du Puy, dont il est parlé ici si irrévérencieusement ?

l'on puisse voir. Il est à genoux dessus, avec sa femme et la renommée entre les deux qui tient leurs armes. Il est tout de marbre blanc et noir.

« Voila ce qu'il y a de curieux à voir à Amiens, *dans les églises*. La promenade des remparts est très belle ; l'on est toujours entre deux rangées d'arbres tirés à la ligne. Les remparts servent de promenade aux dames.

Nous logeâmes à la *Coqueluche*, où l'on est parfaitement bien.

« Le 9, nous en partîmes pour aller à *Abbeville* nous prîmes la voiture ordinaire, qui est un fregon ou petite charette, que quatre chevaux mènent toujours au trot. Nous dînâmes à *Fliecqurt*, à l'*Écu de France* ; c'est la moitié du chemin. Depuis *Amiens* jusqu'à une lieue par de là *Flic-court*, le pays est fort méchant, extrèmement pierreux et montueux. Mais, après celà, le pays est parfaitement beau, tout uni : Vous passez des plaines à perte de vue, où vous ne voyez que le ciel et la terre sans aucun buisson ; vous côtoyez presque toujours la *Somme* que vous laissez sur la gauche. Il y a dix lieues d'*Amiens* à *Abbeville*.

« *Abbeville* . . . . Cette ville est d'une situation très forte, au milieu des marais, et en retenant les eaux de la rivière, vous inondez tout le pays d'alentour. Il n'y a qu'un endroit par où l'on peut l'attaquer ; l'on la fortifie de ce côté d'un ouvrage à corne et d'une contre-garde et l'on travaille à réparer les murailles du corps de la place.

« Pour ce qui est de la beauté de la ville, c'est une grande ville, fort grande. Il n'y a que le milieu de la ville qui est habité, le reste n'est que jardinage et même l'on y laboure.

« Il n'y a pas une église qui peut passer pour belle. Saint-Wulfrand, la première église, n'est pas encore achevée ; il n'y a qu'une partie de la grande nef et de la façade. Cette façade est de même dessin que celle d'Amiens, avec deux grosses tours aux côtés.

« La promenade de la Portelette est ce qu'il y a de plus beau à voir ; c'est le *Cours d'Abbeville*.

« L'on travaille dans cette ville de très belles et bonnes armes à feu.

Nous logeâmes à la *Tête de Bœuf* où l'on est parfaitement bien, mais fort cher.

« Le 11, nous partîmes d'*Abbeville*, en chaise de poste, fort mal attelée, pour aller coucher à *Eu* (8 lieues). Vous passez les villages suivants : *Miannay, Valances, Fourchenville* où l'on rafraichit et *Ouincourt*. »

II

1695, Août (1).

Cette année pour se distraire de la perte de sa femme, notre voyageur lillois entreprend un

(1) T. 1er p. 275-285.

voyage en Champagne, en Lorraine et en Alsace, afin d'aller voir les nouvelles conquêtes du roi ; il part toujours accompagné de son ami, et se rend à Cambrai, dans son carrosse :

« Le 26 (août) nous partismes de *Cambray*, pour aller coucher à Saint-Quentin ; nous disnâmes au *Castelet* (5 lieues). Avant que d'y entrer l'*Escaut* prend sa source à un quart de lieue de là, près d'une petite abbaye, nommée le *Mont-Saint-Martin*. Le *Castelet* estoit autrefois fortifié. L'on en a rasé les fortifications depuis que *Cambray*, est au Roy. C'est un meschant bourg, qui n'a qu'une rue. Nous logeâmes au *Grand-Saint-Pierre* où l'on est bien. L'on compte du *Castelet* à *Saint-Quentin*, 5 lieues.

« Tout le pays, dès que vous sortez de *Cambray* n'est qu'une plaine à perte de vue, à toujours monter et descendre.

« *Saint-Quentin* est l'*Augusta Veromanduorum* des anciens, l'une des principales villes de la Picardie, située au bord de la *Somme*, qui coule au pied de ses ramparts. Elle est très bien fortifiée. Cette ville est très jolie et bien peuplée, les rues larges et bien percées ; quant aux maisons, elles sont de platres. Nous allâmes voir la grande église, qui est l'une des plus belles églises que j'aye vue, sans aucun embarras de bancs, ou autres choses. Il y a double croisée, ce qui fait la forme d'une croix papale. Les ramparts sont très beaux, très bien plantés d'arbres. C'est le cours ou la promenade ordinaire de Saint-Quentin. Cette ville est de forme quarrée. Nous logeâmes au *Cygne*, où l'on est fort bien.

« Le 27, nous prîmes la poste pour aller diner à *Laon*. Je renvoyai mon carrosse avec mes chevaux qui m'avoient amené jusques icy. Nous nous servîmes des mêmes chevaux jusques à *La Fère* (5 lieues).

« *La Fère* est la première ville de *Champagne* située sur la rivière d'*Oise*. C'est une meschante bicoque où il n'y a rien à voir. Le duc de Mazarin, à qui appartient la Fère, y a un chateau très bien basti, mais qui n'est point entretenu. Nous mangeâmes un morceau à la *Chasse royale*, qui est la poste, où nous changeâmes de chevaux.

« Nous en partismes à 9 heures et arrivâmes à *Laon*, à 11 heures, éloigné de 5 grosses lieues, dans un pays montueux et sablonneux, rempli de grands bois qu'il faut nécessairement passer. Ce sont de véritables coupe-gorge. Avant que d'arriver à *Laon*, vous passez aux portes de Crépi en Laonnois, qui est un gros bourg.

« *Laon* est la seconde ville du comté de Champagne, bastie dans la situation la plus avantageuse que l'on saurait désirer pour la bien fortifier. On pourroit en faire une place imprenable. Elle occupe tout le sommet d'une montagne qui s'élève à perte de vue, escarpée de tous les costés, de manière que l'on n'y peut monter que par les deux chaussées que l'on y a fait, qui sont même très difficiles à monter. Toute la croupe de la montagne est plantée de vignobles.

« Laon est un évesché suffragant de Reims. Monsr de Clermont en est évesque ; il porte la qualité de duc et pair de France. C'est l'un des trois ducs et pairs ecclésiastiques qui assistent au couronnement des rois. Outre que cette ville est un évesché, il y a présidial, bailliage et élection.

« Toute cette ville consiste en deux grandes rues qui traversent la ville d'un bout à l'autre, sçavoir depuis la citadelle jusques à l'abbaye de Saint-Martin, qui est à l'autre extrémité de la ville. Elle est très peuplée et remplie de beaucoup d'honnestes gens.

« Nous commençâmes à voir la ville par l'église cathédrale, dédiée à Notre-Dame, qui est très belle et d'une grandeur extraordinaire, sans aucun embarras, comme il y a dans plusieurs églises. Le chœur est d'une beauté achevée. Nous eusmes le plaisir de nous y trouver la veille de la dédicace générale du diocèse et, par ce moyen, nous vismes l'autel orné avec toute l'argenterie qui est très belle et le chœur tendu d'une tapisserie, qui répondoit à tout le reste. Ce grand vaisseau est embelli au dehors de sept clochers qui font découvrir cette église de dix lieues de loin.

« Ayant veu cette église, nous passâmes à l'autre bout de la ville, pour aller voir l'abbaye de *Saint-Martin*, de l'ordre de Prémontré, où il y a plusieurs pièces très considérables, entre autres une grande croix de vermeil antique, garnie de pierreries, où il y a du bois de la vraie croix, le bras gauche, jusqu'au coude, de Saint-Laurent, où l'on voit encore les ongles. Il y a encore quantité d'autres reliques qui ne sont pas fort considérables.

« Le bastiment de cette abbaye est assez beau, mais le jardin qui est la promenade de la ville est très beau ; ce n'est qu'un grand quarré de potagers, les allées sont charmantes.

« En retournant à l'auberge, nous vismes la petite église de *Saint-Brice* qui est très propre.

« Ayant diné, nous allâmes promener vers la citadelle qui a quatre bastions, que l'on laisse tomber en ruines, n'y ayant personne qui l'habite, pas même un homme de garde.

« Au faubourg de *Neuville*, l'on voit la Sainte-Face, que nous n'eusmes pas le temps d'aller voir.

« Nous logeâmes au *Dauphin*, où l'on est très bien.

« Nous partismes, le même jour, de *Laon*, encore en poste, à six heures du soir pour aller coucher à *Liesse*, éloigné de trois lieues. Nous descendismes par la mesme porte que nous estions entré, n'y ayant que deux portes à *Laon*, l'une du costé de la Picardie et l'autre du costé de la France. Nous sortismes par la porte de Picardie, nous traversâmes le faubourg de *Vaux*, nous passâmes ensuite le *Gizy* (1). Vous avez après à faire une

(1) Canton de Sissonne.

grande lieue de bois qui est la forêt de *Samoussy* (1), puis *Athies*, village, et *Notre-Dame de Liesse*, ensuite (3 lieues).

« *Liesse* est une petite ville de Champagne, fort renommée par la dévotion que tout le monde a d'y aller servir une image miraculeuse de la Vierge, qui a esté miraculeusement apportée de Barbarie par trois frères qui estoient prisonniers pour la Foy, qui se sont trouvez, en une nuit, transportez en France. L'affluence du peuple y est extraordinaire, il y en vient de tous les endroits du royaume. L'église n'est pas belle. L'image de Notre-Dame est au dessus du tabernacle du grand autel qui estoit très magnifiquement orné, à cause de la Dédicace générale du Diocèse de Laon. Les lampes, les chandeliers, les figures d'argent n'y manquent pas, et toutes les murailles du chœur sont tapissées de dons votifs d'argent.

« Nous logeâmes à l'*Escu de France*, où l'on est passablement bien.

« Le 28, nous reprismes encore la poste, ayant entendu la messe devant l'image miraculeuse de la Vierge pour la prier de nous conserver pendant le reste de notre voyage.

« Au sortir de *Liesse*, nous entrâmes dans les bois que nous ne quittâmes qu'à une demie-lieue de *Corbigny* (Corbeny). Vous passez le village de *Montaigu*, qui est tout au milieu des bois.

(1) Canton de Sissonne.

« *Corbigny* (Corbeny) est un gros bourg esloigné quatre lieues de *Liesse*. C'est encore un lieu de dévotion où l'on va servir S. Marcoul. Ses reliques reposent dans la grande église de l'abbaye du mesme nom, dans une grande chasse d'argent qui est au dessus du tabernacle du grand-autel. Cette abbaye est de bénédictins réformés. Nous descendîmes de cheval, pour faire nostre prière au saint ; ensuite, nous remontasmes à cheval pour aller prendre d'autres chevaux à *Pont-à-Vesle* (une lieue).

« *Pont-à-Vesle* (Pontavert) (1) est un bourg situé au bord de la rivière d'*Aisne*, qui s'en va jeter dans la rivière d'*Oise* à *Compiègne*.

Ayant déjeuné à la poste, nous remontasmes à cheval. Au sortir de ce bourg l'on passe la rivière d'Aisne, dans un ponton. Vous passez *Cormicy* (2), gros bourg fermé de murailles et, jusqu'à *Reims*, le pays continue toujours à être fort montueux, avec des petits bois de temps en temps, et si sablonneux que les chevaux ont de la peine à courir. Vous laissez, sur votre droite, à une lieue de *Reims*, l'abbaye de *Saint-Thierry*, qui paroît estre très belle.

« Nous arrivasmes à *Reims*, à midy et demy, éloigné du *Pont-à-Vesles*, 5 lieues.

« Vous entrez dans la Champagne, dès que

(1) Canton de Neufchatel.
(2) Marne.

vous avez passé la rivière d'*Aisne*, qui la sépare de la Picardie.

III

Deux ans plus tard, nos voyageurs viennent de nouveau en Picardie et vont à *Amiens* et à *Beauvais*, se rendant en Normandie. C'est par ces dernières citations que nous terminerons nos extraits:

« 1697. Je ne parlerai pas cette fois d'*Amiens*. Nous vîmes cependant dans le séjour que nous y fîmes, le 13, l'Abbaye de *Saint-Acheul* qui est à une portée de canon de la ville. C'est une des plus belles abbayes que l'on puisse voir, tant pour ses bâtiments et jardins que pour la vue que l'on a sur toute la ville d'Amiens, qui lui sert de perspective. L'église est propre, mais petite.

« Nous logeâmes à *Amiens*, à *Sainte-Barbe*, où l'on est parfaitement bien.

« Le 14, nous en partîmes de grand matin pour aller coucher à *Beauvais* (13 lieues) ; nous passâmes les villages suivants : *Coupegueule*, *Crécy* (6 lieues) meschant village, où nous dinâmes très mal. L'après-midi, nous passames *Francadel* (3 lieues) et puis, nous arrivâmes à *Beauvais* (4 lieues), éloigné de 7 lieues de la dinée.

Beauvais. . . . .

« Elle est encore fort considérable à présent, étant très peuplée et marchande. La ville de soi-

(1) P. 402-105.

même n'est pas belle. Les maisons sont toutes bâties de plâtre et de bois; les rues étroites et tournoyantes. Il y a bailliage et présidial avec un évêché.

« Nous commençâmes à voir la ville par l'église cathédrale dédiée à Saint Pierre. Il n'y a que le chœur et la croisée d'achevés ; c'est un chef-d'œuvre d'architecture. Aussi le met-on au nombre des merveilles du royaume, Cela est d'une hauteur excessive. »

L'auteur énumère ensuite les différentes parties qu'il faut emprunter à Reims, Beauvais, Amiens, etc., pour faire une église parfaite et il termine ainsi sa description de Beauvais :

« Il y a de plus à voir la manufacture de tapisserie qui est une chose très curieuse. Le marché est très grand et d'une figure très régulière.

« Nous logeâmes au *Petit-Cerf*, où l'on est très bien.

« Le 15, nous partîmes de *Beauvais*, à 3 heures de l'après-midi pour aller coucher à *Chaumont* (5 lieues). »

Qu'il nous soit permis de compléter cette communication en signalant l'intérêt que présenterait pour notre pays la publication d'un travail d'ensemble sur les voyages faits en Picardie à différentes époques et spécialement dans le cours du xvii° siècle. Les matériaux sont nombreux et il serait facile de les mettre en œuvre. Indiquons d'abord le récit donné par Aubert le Mire, dans sa correspondance, du voyage qu'il fit à Paris, en 1609, par ordre de son oncle l'évêque d'Anvers, pour remplir une mission secrète à l'occasion de l'exécution de la trève conclue le 9 avril 1609 entre l'Espagne et les Provinces Unies. Cette relation qui a été publiée par le chevalier Léon de Burbure (1) est écrite alternativement en latin, en français et en flamand. Nous n'en citerons que ce passage :

« D'Arras à Paris, ce sont encor cincq bonnes et grandes journées et on vat fort montant jusques à Paris, de sorte qu'il faut souventes fois descendre de la coche *ad onus* et *pondus minuendum*, et il fault monter à pied plusieurs montagnes, *ut non immerito Belgium nostrum vocetur* le Pays-Bas, au respect de la France. »

Le voyage de Jocodus Sincerus, ou *Itinerarium Galliæ*, imprimé à Lyon en 1616 est des plus curieux et Thalès Bernard a donné, en 1859, une traduction française de cet écrivain, dont le vrai nom était Zinzerling, sous le titre de *Voyage dans la Vieille France*. L'*Ulyssès Belgico-Gallicus* d'Abraham Golnitz, publié pour la première fois à Leyde en 1631 n'a pas eu la même bonne fortune et ce n'est que par fragments que l'on possède la traduction de ce guide « le plus ancien et le plus complet des anciens itinéraires », au dire de

____

(1) *Messager des Sciences historiques*, Gand, 1849, p. 318 et 433.

M. Vachez qui a montré le parti qu'on pouvait tirer pour la topographie du Lyonnais de ce récit écrit de 1628 à 1630.

On y trouve pour la région qui nous intéresse, des descriptions de Péronne, de Roye, de Gournay-sur-Aronde, de Compiègne où l'auteur vit Louis XIII toucher les écrouelles et où il ne trouva nulle part l'hospitalité et fut réduit à coucher dans le cimetière, de Senlis (p. 193-199) d'où il va à Orléans (1).

A ceux qui recherchent exclusivement l'inédit, nous recommandons l'*Itinerarium Franco-Picardo-Normannum*, de Baudot, seigneur du Buisson et d'Aubenay, l'auteur du *Journal des guerres civiles* publié par M. Gustave Saige, pour la Société de l'Histoire de Paris. Ce manuscrit du savant historiographe de France, renfermant le récit d'un voyage effectué du 11 mai au 8 août 1647, est conservé à la Bibliothèque *Mazarine*, n° 2694 *B*.

Monconys, que j'ai déjà cité, nous donne au commencement du voyage qu'il fit en Angleterre, en 1663, avec le duc de Luynes, quelques renseignements intéressants sur Beaumont-sur-Oise, Beauvais et Abbeville.

On était au commencement de mai et les voyageurs allèrent de Beauvais à Abbeville par Poix,

(1) Je cite d'après l'édition des Elzéviers de 1655.

Airaines et Pont-Remi, qu'il appelle Pont-Dormis (1).

« Le mauvais temps d'un brouillard épais, froid et pluvieux, qui dura tout le soir et les pluyes précédentes qui avoient gasté les chemins furent cause que nous ne fusmes diner qu'à Pois (*au Petit Pilon*) et coucher à Airennes (à la Couronne), deux également mauvaises bourgades, couvertes de paille comme toutes celles de Picardie, la plupart des maisons sans fenêtres, ou bien elles sont très petites et ne paraissent que des trous, nous ne fismes que 9 lieues.

« Le 8, nous quittasmes sans regret le plus mauvais gitte que nous eussions encore eu, et ayant passé à Pont-Dormis, petite place, forte par la petite rivière qui passe dans ses fossez et par les fortifications régulières qu'on y a faites, et traversé des campagnes à blé, où nous remarquâmes que les labôureurs ne tenoient point la queue de leur charue et que les sillons n'enfonçoient guières dans la terre, nous arrivasmes. après quatre lieues de chemin à Abbeville .... »

Si le *Voyageur d'Europe*, de A. Jouvin, de Rochefort, dédié à Arnauld de Pomponne, ministre et secrétaire d'Etat et imprimé à Paris, en 1672 (2) n'a plus le charme de l'inédit, sa rareté ne le rend

(1) Lyon, 1666, tome II, p. 2 et 3.
(2) Louis Billalne. Le voyage de France occupe le premier volume.

pas moins précieux et les impressions du voyageur Saintongeois, relatives à Saint-Valery, Abbeville, Amiens, Beauvais et Beaumont-sur-Oise, méritent d'être mentionnées tout spécialement : Jouvin a un talent tout particulier pour décrire les villes qu'il traverse, on en jugera par les descriptions suivantes :

Saint-Vallery (p. 188) « Si nous exceptons les fortifications de cette petite ville et deux grandes rues qui la traversent presque toute entière, il n'y a rien qui mérite d'être remarqué, si ce n'est son grand faux-bourg de la Ferté, qui s'étend le long de cette large embouchure de rivière, où il y a quelques marchands pour la commodité du lieu, et particulièrement des pêcheurs de poisson en si grand nombre qu'il n'y a point de port de mer d'où l'on envoye plus de poisson dans toute la Champagne, dans toute la Picardie, et principalement à la ville de Paris. Nous y en vîmes arriver des vingt et des trente barques toutes remplies de poisson, qu'ils déchargeaient par grandes mane-quinées au bord de la mer sur le sable, où je vous laisse à croire s'il est à bon marché, que les mar-chands de marée achestent pour faire porter à toutes les villes voisines, où il seroit quasi à si bon marché, si on ne mettoit point d'impots sur chaque pannier de marée qui sort de ce bourg... »

Amiens (p. 295) . . . . « Entre les places qui sont dans Amiens, celles des Fleurs, et du grand Marché sont les plus considérables. Cette dernière a plus de trois cents pas de long, où elle renferme la Halle couverte au poisson et plusieurs belles maisons très bien basties, qui l'environnent presque, où se tiennent les plus riches marchands de la ville, auxquelles on peut ajoûter la place et le marché au bled, d'où on peut passer par la rue des Frippiers aux grandes Halles couvertes qui servent aux foires qui se tiennent deux ou trois fois l'année dans Amiens. Ceux qui sont curieux de voir des tombeaux et de vieils épitaphes, doivent aller dans le Cimetière et sous les Charniers de Saint-Denys ; mais je fais plus d'estime de plusieurs grands Palais qui en sont tout proches, et qui rendent ce quartier de la ville le plus beau à cause des rues larges et toujours nettes, comme elles sont en plusieurs endroits d'Amiens. »

Extrait du Bulletin de la Société des Antiquaires de Picardie.
(1891)

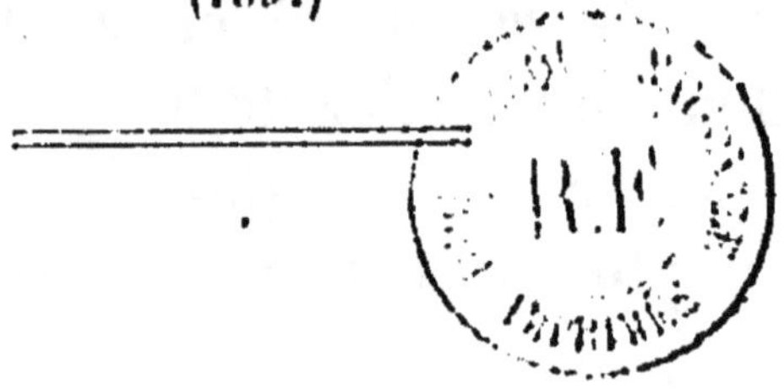

384

www.ingramcontent.com/pod-product-compliance
Lightning Source LLC
Chambersburg PA
CBHW061713050726
47598CB00004B/1828